Heino Kirschke

Wege in den Untergang

*

Das ABC der Erderwärmung

Bibliografische Information der Deutschen Nationalbibliothek:
Die Deutsche Nationalbibliothek verzeichnet diese Publikation
in der Deutschen Nationalbibliografie detallierte bibliografische
Daten sind im Internet http://dnb.dnb.de abrufbar.

Herstellung und Verlag:

BoD - Books on Demand, Norderstedt

ISBN: **9783750498839**

Inhalt

Danksagung

Mein Dank gehört besonders Bernd Schrader, der mit seinem feinen Gespür für sprachliche und inhaltliche Nuancen dieser Arbeit den notwendigen Schliff gegeben hat.

Jedoch auch die üblichen Verdächtigen, Gerda, Anne, Rocky und Ruth haben durch ihre Einschätzungen und Kommentare zu den einzelnen Kapiteln dieser Arbeit das ihre beigetragen.

Wege in den Untergang

Wie schreibt man ein Buch über den drohenden Untergang der Welt, wenn doch der eigene Lebenslauf unauflöslich mit dieser Existenzkrise der Menschheit verknüpft ist?

- Wenn das persönliche Schicksal des Autors, jenes der eigenen Kinder, deren möglichem Nachwuchs und all der Generationen, die nicht mehr geboren werden, mit auf dem Spiel steht?
- Wenn der Kollaps das endgültige Ende von allen Lebensformen bedeutet, die uns Menschen nahegestanden habe?
- Schleicht sich an diesem Punkt nicht notgedrungen eine Prise Wunsch-Hoffnung mit ein und verwässert jede reale Prognose?
- Und für wen sollte eine solche derartige Analyse geschrieben werden?
- Wird sie möglicherweise als Verschwörungstheorie in die Spinnerecke gedrängt?
- Wird solch ein Buch bekämpft oder gar - nach einer Häufung von vorhergesagten Ereignissen - verboten, vom Markt genommen und danach nicht mehr gelesen?
- Wird der Kampf um das pure Überleben überhaupt noch Energien für ein Stöbern in der Vergangenheit übrig lassen?

Und dennoch ...

Die Geschichte hat uns gelehrt, dass Diktaturen stürzen, Kriege enden, Glaubensbekenntnisse ihre Kraft verlieren, Weltreiche zusammenbrechen und Seuchen besiegt werden können.

Wir Menschen sind die Verursacher von unendlich leidvollen Entwicklungen, aber wir sind häufig auch die Bezwinger dieser Krisen. Weil wir lernen können.

Die Lehre aus der Klimaveränderung wird einfach sein. Sie wird lauten, dass wir die Welt der Unterprivilegierten nicht gerettet haben, weil es zu viel Geld gekostet hätte. Die Regenwälder der Tropen und die borealen Wälder des Nordens schützen, Energieverschwendung bei der Produktion von Wegwerfartikeln kontrollieren und überflüssigen Container- und Flugverkehr vermeiden, CCS in Kohlekraftwerken / Zement aus Magnesiumsilikat / trockener Reisanbau / BECCS durch reine Luftfilter - all dies wäre schon lange möglich gewesen. Aber Dollar, Euro, Pfund Sterling, Renminbi, Yen, Rubel, Riyal - die wahren Götter unserer Zeit hätten bluten müssen. Der Erhalt von Überlebensbedingungen in den zuerst vom Klimawandel betroffenen Gebieten ist den Privilegierten dieser Erde zu teuer gewesen.

Heute ist der gesamte Globus betroffen. Doch nun ist es beinahe zu spät, um die Lehren aus der rasant steigenden Erderwärmung umzusetzen. Wir torkeln auf einen Absturz hin, bei dem sich die Menschheit selbst terminiert. Wir ahnen dies, doch wir wollen es immer noch nicht wahrhaben. Wenn dieses Büchlein eines Tages aktuell wird, hat es sich vermutlich bereits selbst überflüssig gemacht. Die elementaren und einfachsten Lektionen werden wir nicht mehr umsetzen können.

Aber ist eine Umsetzung Stand ´heute` denn überhaupt noch möglich?

Ich weiß es nicht.

Ungezählte Studien der Wissenschaftler zeugen von genauen Erkenntnissen der unterschiedlichen Faktoren, die unser Klima beeinflussen. Die Experten liefern uns sogar die Daten für die meisten ´Kipp-Punkte` des Klimasystems, doch sie vermögen sie nicht zusammen zu fassen. Sie können oder wollen kein vollständiges System der zukünftigen Klima-Entwicklung erstellen, da sie in vornehmer Zurückhaltung nur über ihren eigenen Forschungsbereich verlässliche Prognosen abgeben und ihren geschätzten Kollegen von angrenzenden Disziplinen nicht in die Suppe spucken wollen.

Dabei interessiert uns gerade dies: inwieweit beeinflusst die Reaktion eines kritischen Punktes das Erreichen des nächsten Kipp-Punktes. Und was bedeutet das Überschreiten mehrerer Kipp-Punkte für die verbliebenen Möglichkeiten menschlicher Korrektur? Denn wir befinden uns ohne Zweifel bereits in der ´heißen Phase` des Klimawandels. Die ersten kritischen Linien sind überschritten. Und ´Kipp-Punkte` sind per Definition ´Points of no-return`, weil mit dem Überschreiten gewisser Grenzen der Erwärmung mehr Energie von der Atmosphäre zur Erde zurückgestrahlt wird, als in das All entweichen kann. In der Folge wird es stetig wärmer auf unserem Planeten und weiterer Kohlenstoff aus den über Millionen von Jahren eingelagerten Reserven abgestorbener Pflanzen wird freigesetzt. Mehr, als die Menschheit überhaupt einsparen kann, selbst wenn sie den eigenen Ausstoß von Kohlendioxid vollständig einstellen würde.

Die letzte Reserve der Menschheit zur Vermeidung eines vollständigen Kollaps des Klimas dieser Erde, ist das enorme technische Potential und Verständnis, das uns zur Verfügung steht. Wir müssten eine, die Nationen übergreifende, weltumfassende Anstrengung unternehmen, den CO_2 Ausstoß sofort und drastisch herunter zu fahren, und gleichzeitig den Löwenanteil unserer technischen Kapazitäten darauf verwenden, durch gigantische Luftfilteranlagen der Atmosphäre weiteren Kohlenstoffdioxid zu entziehen.

Über mehrere Generationen müssten alle Völker dieser Welt an dem gleichen Strang ziehen, egal zu welcher Nation die Menschen gehören oder welcher Glaubensrichtung sie anhängen. Denn allen Menschen auf Erden droht das gleiche Schicksal.

Jedoch hat die Menschheit nie gelernt, in gemeinsamer Harmonie ihre Kräfte zu entfalten. Wir haben immer nur Krieg gegeneinander geführt.

Bislang wurde noch jeder ´technische Fortschritt` zur Erlangung eines ökonomischen oder militär-technischen Vorteils in dem ewigen Machtkampf der Völker genutzt. Ja, wir können wohl die Behauptung aufstellen, dass die allermeisten technischen ´Fortschritte` der Menschen erst unter dem Druck dieses Kampfes entwickelt worden sind. Tod und Zerstörung liegen uns wohl in den Genen - nicht Erhalt und Verbesserung.

Die drei bis aufs Blut verfeindeten monotheistischen Religionen haben dies sehr wohl gewusst und kündigen uns jede ihre eigene Version der endzeitlichen Apokalypse an. Die Erwählten und die Verdammten in Ewigkeit. Frieden, Shlum, Salam. Doch es wird keine Ausnahmen geben. Keinen Hort der Gerechten, keine Engel, keine 144 000 Auserwählten. Und auch keine wartenden Jungfrauen. Im Gegenteil.

Der Himmel wird die Erde zur Hölle machen, weil wir Menschen auch diesen mystischen Raum eineinhalb Jahrhunderte lang zur preisgünstigen ´Verkappung` von Industriegasen unserer Energiewirtschaft benutzt haben und immer noch benutzen.

Vielleicht sollten wir langsam erkennen, dass dieser Planet nicht UNSERE ERDE ist. Sie wird sich auch ohne uns weiter drehen und nach unseren Abgang neue Lebensformen hervorbringen.

Erderwärmung, Umweltverschmutzung, Überbevölkerung und die unausrottbare menschliche Gier nach Macht und Reichtum werden uns wohl bald schon von dieser Erde verbannen.

Vermutlich wird es ein Abgang mit Knall und dem Spektakel eines weltweiten atomaren Krieges sein, wenn die Völker noch ein letztes Mal ihre technologischen Errungenschaften demonstrieren werden. Wir werden wohl mit Pathos, Blut, Rotz & Tränen zugrunde gehen. So, wie wir immer gelebt haben.

280 parts per million

Mit dem blauen Planeten haben wir Glück gehabt. Damit sich überhaupt Leben entwickeln konnte, musste die Erde sich in der sogenannten ´habitablen Zone` von der Sonne aufhalten. Also nicht zu nah oder zu weit entfernt von dem Mutterstern kreisen. Denn Leben benötigt flüssiges Wasser, und dafür braucht es recht eingeengte Temperatur - Bereiche von (unter heutigem Atmosphärendruck) max. 10 Grad minus (Salzwasser) und bis 60/70 Grad Celsius plus.

In dieser Zone des Sonnensystem befindet sich noch die Venus mit vergleichbaren Daten von Größe, Masse und mineralischer Zusammensetzung wie die Erde. Aber ihre Atmosphäre besteht zu 95 % aus CO_2, denn ein Stoffwechsel von lebenden Organismen hat dort niemals stattgefunden. Die meisten Wissenschaftler vermuten heute, dass sich während eines gewissen Zeitraumes der Frühgeschichte des Planeten Venus auch Wasser in seiner Atmosphäre befunden haben muss. Doch H_2O, die Moleküle des Wassers sind über die Jahrmillionen durch die Masse-Partikel der Sonneneruptionen regelrecht aus der Atmosphäre der Venus heraus geschossen worden, bis kein Wasser mehr vorhanden war. Somit konnte sich kein Leben auf der Venus entwickeln, kein Stoffwechsel lebender Organismen, der die Zusammensetzung ihrer Atmosphäre im Gleichgewicht hätte halten können. Heute herrscht auf der Venus eine Temperatur von 460 Grad Celsius und ein Atmosphärendruck, der rund 90 mal größer ist als der Druck unserer Atmosphäre.

Dass dieser sogenannte ´Sonnenwind` nicht gleichfalls aus der Erdatmosphäre die Wassermoleküle hinauskatapultiert hat, haben wir dem Magnetfeld der Erde zu verdanken, das die Partikel des Sonnenwindes um unseren Planeten herum lenkt und nur an den Magnetpolen kleine Schleusen offen lässt, durch die sich die wenigen Partikel, die ihren Weg in unsere Atmosphäre finden, als Polarlichter bemerkbar machen.

Unser Nachbarplanet hat jedoch nur ein äußerst schwach ausgeprägtes Magnetfeld, obgleich er vermutlich eine ähnliche Zusammensetzung seines Kerns wie die Erde aufweist, wo sich ein flüssiger äußerer Erdkern aus Eisen und Nickel um den festen inneren Kern dreht und wie bei einem gigantischen Dynamo ein Magnetfeld erzeugt. Doch die Venus besitzt nur eine sehr langsame Eigendrehung, die locker mal ein halbes Jahr zur Vollendung benötigt. Und dann dreht sie sich auch noch falsch herum, da sich ihre Achse irgendwann in grauer Vorgeschichte um nahezu 180 Grad gedreht hat und dieser Planet seitdem in seiner Rotationsgeschwindigkeit abgebremst wird.

In unserem Sonnensystem käme für eine eigene Entwicklung von Leben im Prinzip noch der Mars in Frage. Jedoch ist seine Atmosphäre zu dünn, um die Temperatur auch in den Nachtstunden in Bereichen zu halten, bei denen Lebensformen die Kälte überstehen können. Außerdem besitzt die Marsatmosphäre keine Ozonschicht, um die gefährliche UV- Strahlung abhalten zu können.

Planetensysteme hingegen, die weiter im Zentrum der Milchstraße liegen, sind vermutlich zu schr cinem tödlichen Strahlungs- und Teilchenbeschuß ausgeliefert, um eigene Lebensformen entwickeln zu können. Dennoch können wir uns vorstellen, dass unter den zig-Millionen Galaxien und Milliarden von Planetensystemen des Weltalls irgendwo Bedingungen herrschen, die eigenständiges Leben ermöglichen. Doch ein Menschenleben ist kurz, ebenso wie die Haltbarkeit der von menschlicher Hand gefertigten Produkte wie Raumschiffe, Antriebe, Sauerstoffversorgung und so weiter, und die Entfernungen im All sind derart gewaltig, dass wir wohl kaum jemals mit anderen Lebensformen physisch in Kontakt treten können. Da wird uns auch der geniale Albert Einstein nicht helfen können, auch wenn sich die Theorie einer Relativität von Raum und Zeit inzwischen längst experimentell bestätigt hat und Astrophysiker Modelle eines gekrümmten Raumes erstellen. Andere Galaxien werden dennoch für uns unerreichbar bleiben.

Zum Glück ist man zu sagen versucht, denn bereits auf der Erde hat sich ein zufälliger Kontakt unter Menschen von unterschiedlichen Entwicklungsstadien meist im Austausch von Krankheiten, Drogen und in einer Reihe von Massakern entladen. Die sogenannten ´Entdecker` waren dabei selten die ´Guten`, und grobe geschichtliche Fälschungen sollten wir getrost Romanschreibern oder den rosaroten Traumfabriken von Hollywood überlassen.

In der Praxis bleibt nur die Erde für unser menschliches Dasein und eine vorstellbare Basis für weitere Entwicklungen. Unsere Existenz hängt jedoch an einem labilen und vielfältigen Gleichgewicht von Bedingungen, die samt und sonders für unser physisches Überleben unabdingbar sind. Schon eine Verabschiedung unseres kleinen Mondes aus seiner Umlaufbahn um die Erde würde das meiste Leben auslöschen, weil der stabilisierende Faktor seiner Anziehungskraft auf die Erde wegfällt. Wenn sich die Erde unvermittelt drei Mal schneller um die eigene Achse drehen und außerdem noch derart ins Trudeln geraten würde, dass abwechselnd am Äquator polare Bedingungen und an den Polen äquatoriale Bedingungen herrschen um sich danach wiederum umzudrehen, wäre das bestimmt nicht so förderlich. Und der Mond ist in der Tat dabei, sich zu verabschieden - ca. 3,8 cm im Jahr - das nur mal so nebenbei.

Alle Faktoren auf dieser Erde sind Veränderungen unterworfen. Auch und gerade jene Bedingungen, die für das Weiterleben einer bestimmten Lebensform unabdingbar sind. Verändern sich die Bedingungen, dann stirbt diese Lebensform aus und verschwindet für immer von unserem Planeten. Sie hat sich überholt, und neue Bedingungen bringen neue Lebensformen hervor. Zumindest solange sich die Erde weiterhin in der habitablen Zone des Sonnensystems befindet.

Jedes Lebewesen hat sich den (oftmals extremen) Bedingungen angepasst, die in seinem Lebensraum herrschen. Nur wir Menschen haben versucht, die vorgefundenen natürlichen Bedingungen unserem Bedarf gemäß zu verändern. Aus dem Blickwinkel des gesamten Planeten Erde waren diese Eingriffe jedoch noch nicht verhängnisvoll, solange sie sich auf Ackerbau, Brandrodung, Bergbau mit Muskelkraft und ähnlichem beschränkten, und solange die Menschheit noch nicht so zahlreich diesen Planeten bevölkerte. Mit der industriellen Revolution der letzten 150 Jahre und der Bevölkerungsexplosion des vergangenen Jahrhunderts jedoch sind weltweit immer gewaltigere Eingriffe in das natürliche Gleichgewicht vorgenommen worden. Heutzutage stehen wir vor einer Anzahl von gefährlichen Baustellen auf der Erde, unter der Erde, im Wasser und in der Luft, die wir uns selbst erschaffen oder welche uns Generationen unserer Väter hinterlassen haben. Einige dieser Müllhalden haben das Potential, menschliches Leben in einem einzigen Jahrhundert - oder auch noch viel schneller - zu beenden.

Hier, in dieser Betrachtung möchte ich den Blick auf die aktuelle Erwärmung unseres Planeten beschränken, die gerade außer Kontrolle gerät.

Die Energie, welche die Erdoberfläche erwärmt, stammt nahezu ausschließlich von der Sonnenstrahlung, wenn wir von gelegentlichen Vulkanausbrüchen einmal absehen. Ohne den schützenden Effekt der Erdatmosphäre würden die Temperaturen des Nachts bis auf minus 18 Grad absinken und zudem würde der extrem energieintensive ultraviolette Teil der Sonnenstrahlung (UVb) die sich eventuell bildenden DNS-Ketten unweigerlich zertrümmern. Wir brauchen die Atmosphäre, das begreift vermutlich sogar ein Jair Bolsonaro.

Für die Gefahr eines klimatischen Zusammenbruchs dieser Erde ist jedoch das prozentuale Ansteigen der einzelne Spurenelemente Kohlendioxid (CO_2), Methan (CH_4) und Lachgas (N_2O) in der Atmosphäre verantwortlich, wie dank der ´Friday` Bewegung heutzutage jedes Schulkind und auch so mancher interessierte Erwachsene weiß. Die Mehrheit unserer politischen Entscheidungsträger hingegen lavieren sich halb sehend - halb blind durch die Thematik, weil die ja nur noch selten persönlich die Fachgebiete bearbeiten und sich bei ´Sachfragen` stattdessen auf ihre ´externen` Berater verlassen.

Da liegt es doch wohl nahe, dass so mancher Industrieverband bei der Entscheidungsfindung mithilft, indem er genügend clevere und flexible ´Beraterteams` für die gestressten Abgeordneten zusammenstellt und finanziert. Und die CEOs der großen Industrieverbände sind sowieso mehr an den nächsten handfesten Boni interessiert, als an so etwas Nebulösem wie ´Stabilität der Erdatmosphäre` oder der steigenden Erderwärmung.

Kohlenstoffdioxid kurz Kohlendioxid (CO_2) ist der wichtigste Faktor des anthropogenen (von Menschen verursachten) Treibhauseffekts, obwohl das Gas nur 0,04 % Masseanteil der gesamten Erdatmosphäre ausmacht. Und obgleich der Treibhauseffekt von CO_2 (einschließlich weiterer Spurengase, wie z.B. Methan) nur mit ungefähr 25% an der nächtlichen Wärmeisolation der tagsüber aufgeheizten Erdoberfläche beteiligt ist. Wasserdampf ist das wichtigste Treibhausgas. Sein Anteil an dem Treibhauseffekt beläuft sich auf 55% bis 70%. Dennoch ist die bedenkenlose Freisetzung von CO_2 aus industrieller Verbrennung fossiler Stoffe die größte Gefahr für unser Überleben auf dem Planeten Erde.

Warum ist das eigentlich so?

Wasserdampf geht mit den anderen Treibhausgasen einen sogenannten Rückkopplung-Effekt ein. Dies bedeutet ganz einfach, dass mehr Wasser verdunstet, desto mehr sich die Erde erwärmt. Kühlt sie sich ab, steigt entsprechend weniger Wasserdampf in die Luft auf. Wasserdampf reagiert also nur auf eine bereits erfolgte Erwärmung und verstärkt sodann den Treibhauseffekt. Dieses Gas ist folglich kein Verursacher der Erderwärmung, auch wenn die Auswirkungen seiner Reaktion auf die von weiteren Treibhausgasen erfolgte Erwärmung größer ist als die ursprüngliche Erwärmung durch die anderen Treibhausgase.

Über den Wasserdampf in der Erdatmosphäre brauchen wir uns zur Abwechselung also mal keine Gedanken machen. Desto mehr und dringender jedoch über den steigenden Anteil von Kohlendioxid und Methan als den wichtigsten Treibhausgasen, deren Wirkungsgrade sich auf die Erderwärmung durch den beschriebenen Rückkopplung-Effekt des Wasserdampfes vervielfachen.

Die erwähnten Treibhausgase sind Moleküle, die aus mindestens drei (oder mehr) Atomen bestehen. Nur derartige Moleküle können die Wärmeabstrahlung der Erdoberfläche aufnehmen und zumindest einen Teil dieser Energie wieder zur Erde zurückschicken. Stickstoff, Sauerstoff und Argon, welche die hauptsächlichen Anteile an der Atmosphäre ausmachen, können dies nicht, da sie durch die langwellige Strahlung in dem Bereich um 10µn nicht zur Eigenschwingung angeregt werden. Ohne Treibhausgase (oder Wolken) ginge die abgestrahlte Erdwärme ungehindert in das All.

*

In erdgeschichtlichen Zeiträumen gemessen sind die Temperaturen auf und die Atmosphäre über unserem Planeten extremen Wandlungsprozessen ausgesetzt gewesen, obwohl die Intensität der empfangenen Sonnenenergie (bei langsamer Zunahme) im wesentlichen die Gleiche geblieben ist.
(die ausgestrahlte Sonnenenergie hat seit dem Bestehen des Planeten Erde, also seit 4,5 Milliarden Jahren um rund 30% zugenommen)

Den Unterschied machten die wechselnden Bestandteile der sich bildenden Atmosphäre aus. Zuerst wurden die aus Elemente vulkanischer Eruptionen und später auch des erwärmten Erdmantels in das All geschleudert, denn der ursprüngliche Planet besaß zunächst überhaupt keine Hülle aus Gas. Im weiteren Verlauf der Entwicklung der Atmosphäre spielten immer mehr die Cyanobakterien als erste Lebensformen eine Rolle, die wie alle Lebewesen einen Stoffwechsel benötigen.

Kohlenstoff und Sauerstoff sind die wesentlichen Elemente des Stoffwechsels, denn beide Atome binden sich vielfältig mit weiteren Atomen zu Molekülen sowie Ketten von Molekülen und können aus diesen Verbindungen durch Energieaufnahme oder Energieabgabe auch wieder abgestoßen werden. Dies ist das Grundprinzip des Stoffwechsels bei Lebewesen.

Bei dem Stoffwechsel mit Kohlendioxid wird der Sauerstoff (O_2) aus der Dioxidverbindung freigesetzt, während bei dem Stoffwechsel mit Sauerstoff bekanntlich Kohlenstoff oxydiert und als CO_2 freigesetzt wird. Lernen wir ja bereits in der Schule.

Beide Gase steigen in die Atmosphäre und beeinflussen gewissermaßen den atmosphärischen Filter unseres Planeten, der sowohl die Durchlässigkeit für Strahlungsenergie von der Sonne zur Erde, als auch die Wärmeabstrahlung der aufgenommenen Sonnenenergie von der Erde ins All begrenzt. Zum Glück für uns, denn so wird durch die Ozonschicht aus O_3- Atomen die UV Strahlung der Sonne begrenzt, die ansonsten jede lebende Zelle auf der Oberfläche unseres Planeten zerstören würde. Leben könnte sich nur unter Wasser entwickeln.

Oder vielleicht nicht einmal dort, weil eine mit Sauerstoff überladene Atmosphäre tödlich für die Lebewesen wäre, die ihren Stoffwechsel mit Kohlendioxyd vollziehen. Hat es erdgeschichtlich alles bereits gegeben.
(vor 800 bis 400 Millionen Jahren in der Phase der ´Großen Sauerstoffkatastrophe`).

Die längste Zeit seiner Geschichte ist unser Planet ein extrem lebensfeindlicher Ort gewesen, ohne Wasser auf seiner Oberfläche und zu heiß zur Kondensation des Wasserdampfes einer Atmosphäre aus Wasserdampf, Kohlendioxid und Schwefelwasserstoff. Bis sich die Erde so weit abgekühlt hatte, dass ein dauerhafter, 40 000 Jahre lang anhaltender Regen einsetzte und den Großteil der Erdoberfläche mit Wasser bedeckte. Von nun an überzogen sich die aus dem neu entstandenen Ozean herausragenden Landmassen des Urkontinents Pangäa mit Pflanzen, verarbeiteten Kohlenstoff bei ihrem Stoffwechsel und ließen den bei der Photosynthese abgeschiedenen Sauerstoff in die Atmosphäre entweichen, bis es zu der besagten Katastrophe kam, welche die Erde über einen langen Zeitraum vereiste und das Leben über der Erde abermals zum Stillstand brachte. So konnten sich auch die ersten Lebewesen mit einem Sauerstoff verarbeitenden Stoffwechsel zunächst nur im Wasser entwickeln und mussten sich in vielen und mühseligen evolutionären Schritten zu Landlebewesen weiterentwickeln. Denn an Land wartete der gedeckte Gabentisch einer üppigen Pflanzen-Vielfalt, und der nun stabile Sauerstoffgehalt der Atmosphäre erlaubte eine Aufnahme von Sauerstoff über das neu gebildete Organ der Lunge.

Immer nur im Wasser plantschen und salzige Algen verschlingen ist ja auf die Dauer auch nicht so spannend. Da hat es so mancher Bewohner von Küstengewässern mit Landgängen und Kiemen/Lungen Zweifachatmung versucht. Ein paar Nachzügler unter den Meeresbewohnern versuchen diesen revolutionären Evolutionsschritt ja bis zum heutigen Tage.

Seit einer halben Million von Jahren ist mit einem CO_2-Anteil von 280 ppm die Konzentration von Treibhausgasen in der Atmosphäre weitgehend konstant geblieben. Wir wissen das genau, weil die Bohrkerne von Tiefenbohrungen im Eis der Antarktis und Grönlands übereinstimmende Ergebnisse liefern. Im Eis dieser Bohrkerne, dessen Alter die Wissenschaftler mit unterschiedlichen Methoden genau bestimmen können, ist die originale Atmosphärenluft zum Zeitpunkt ihres Einschlusses eingefroren.

(eingeschlossen im frisch gefallenen Schnee, der bei anwachsendem Druck zu Eis zusammengepresst wurde)

Die Mengenangabe ´ppm` bedeutet: parts per millions. Also kommt bei einem Anteil von 280 ppm 1 Molekül CO_2 auf 3500 weitere Moleküle in der Atmosphäre, die nicht zu den Treibhausgasen zählen. Das ist rein rechnerisch ein recht geringer Anteil. Jedoch sorgt er dafür (zusammen mit dem beschriebenem Rückkopplungs- Effekt des Wasserdampfes), dass die nächtliche Durchschnittstemperatur auf der Erde nicht auf knallharte Minusgrade absinkt, sondern sich bei angenehmen 15 Grad einpendelt.

Diese Zusammensetzung in der Atmosphäre hat die menschliche Entwicklung sowie diejenige der meisten größeren Land-Lebewesen erst ermöglicht. Wir benötigen eine Ozonschicht in der Stratosphäre, die den größten Teil der solaren UVb- Strahlung abhält, ebenso wie die genannten Spuren von Kohlenstoffdioxid. Hierzu gehören gleichfalls die geringen Spuren von Methangas, die sich nach einer relativ kurzen Verweilzeit in der Atmosphäre in Kohlenstoffdioxid (CO_2) und Wasser (H_2O) aufspalten.

Wir benötigen also diesen Anteil von CO_2 in der Atmosphäre, um die Temperaturen auf diesem Planeten in lebensnotwendigen Bereichen zu halten, UND damit die Pflanzen gedeihen, welche die Basis für unsere Ernährung abgeben. Jedoch ist ein zu großer Anteil von Treibhausgasen für ein Überleben fatal, weil sich die Temperaturen auf der Erde und im Meer erhöhen und Entwicklungen einleiten, die unsere Lebensgrundlagen unweigerlich zerstören werden. Wir brauchen ein ATMOSPHÄRISCHES GLEICHGEWICHT.

*

Atmosphärisches Gleichgewicht bedeutet nun nicht automatisch konstante Temperaturen auf der Erde, denn unser Klima wird von vielen unterschiedlichen Faktoren beeinflusst. Zum Beispiel globale Faktoren wie die Sonnenaktivität, die Phasen erhöhter oder auch verminderter Energieabstrahlung zur Folge hat, oder auch regionale Faktoren, die von Wind- oder Meeresströmungen abhängig sein können. Aber alle diese Abweichungen vom durchschnittlichen Klima auf unserem Planeten korrigieren sich selbständig wieder auf die normalen klimatischen Verhältnisse, solange die Stärke, Dichte und Wirkung der Treibhausgase in der Atmosphäre sich nicht verändert haben. Dies ist gut vergleichbar mit dem Meeresspiegel bei Wind und bewegter See, wo der höhere Wasserstand eines Wellenberges oder der tiefere Wasserstand eines Wellentales ja auch nicht den tatsächlichen Meeresspiegel verändert. Bei ruhiger See ist der Meeresspiegel wieder genau derselbe wie vor dem Sturm. Verändert sich jedoch der Meeresspiegel selbst, oder - wie in unserem Fall die Masse der Treibhausgase - erreichen wir eine höhere Durchschnittstemperatur, von der aus die Extreme nach oben oder nach unten hin ausschlagen.

Erdgeschichtlich betrachtet haben sich auf der Erde immer wieder gigantische Katastrophen ereignet, wie der Ausbruch von Megavulkanen (nachgewiesen durch sogenannte ´Trapp`) oder Meteoriteneinschläge, die jegliches Leben in ihrem direkten Wirkungsbereich vernichteten. Verheerender jedoch waren in der Regel die Veränderungen in der Erdatmosphäre, die solchen Katastrophen folgten und Auswirkung für das Leben auf dem gesamten Planeten nach sich gezogen hatten. So zeigt uns der ´Sibirische Trapp` eine Zone von 2 Millionen Quadratkilometern, auf der vor 250 Millionen Jahren Magnaflüsse aus dem Inneren der Erde an die Oberfläche geflossen waren. Diese Ausbrüche hatten einen Anstieg von CO_2 in der Atmosphäre bewirkt und die Durchschnittstemperatur um 10 Grad erhöht.

95% aller Arten sind in der Folge wegen Nahrungsmangel und übersäuerten Meeren ausgestorben.

Oder der Meteoriteneinschlag von Cicxulub in Mexiko vor 66 Millionen Jahren. Ein Asteroid von 15 km Durchmesser schlug mit einer Geschwindigkeit von 70 000 km/h in das Meer vor dem heutigen Yucatan und verdampfte vollständig bei seinem Aufprall. Die Folgen waren Druck und Hitzewellen, Erdbeben, Megatsunamis und Flächenbrände - das ganze Programm.

Doch die langwierigen Auswirkungen waren noch dramatischer. Die Staubwolke des pulverisierten Asteroiden umkreiste die ganze Erde und legte einen Filter in die Erdatmosphäre, der jahrzehntelang einen Großteil der Sonnenenergie abfing und die Durchschnittstemperatur unter den Gefrierpunkt sinken ließ. Mit der Ausdünnung dieses Filters aus Feinstaub blieb noch genügend CO_2 in der Atmosphäre, um wiederum eine extreme Phase der Erwärmung einzuleiten. Das konnte kein Dinosaurier durchstehen, und diese Urtiere verschwanden für immer von der Erde.

*

Seit mindestens 500 000 Jahren ist die Konzentration der Treibhausgase jedoch konstant geblieben und hat letztlich die Entwicklung des Menschen ermöglicht. Dies ist deshalb möglich gewesen, weil sich zwei gegenläufige Lebensformen gegenseitig mit ihrem Stoffwechsel ergänzten und die Atmosphäre im Gleichgewicht hielten.

Und es ist auch nur deswegen möglich gewesen, weil dem sogenannten ´kurzfristigen Kohlenstoffkreislauf´ aus der Biosphäre konstant CO_2 entzogen wurde. Von toten Schalentieren z.B. werden zum großen Entzücken der Geologen die Calciumhüllen des aus dem Meer entzogenen Kohlenstoff nicht der Zersetzung preisgegeben, ebenso wenig wie die harten Bestandteile von Korallenbänken. Selbst die Weichteile von Meeresbewohnern mit einem Kohlendioxid-Stoffwechsel (Plankton) verwesen unter bestimmten Bedingungen von Druck und Segmentüberlagerung nicht auf dem Meeresboden, sondern transformieren sich über die Jahrmillionen in große Blasen aus Kohlenwasserstoff, die Exxon, Shell, BP, Chevron und Total riesige Gewinne bescheren und obskuren Diktatoren in vielen Teilen der Erde zu Rüstungsgütern, Doktortiteln, Bundesverdienstkreuzen und Schweizer Bankkonten verhelfen.

Über der Erde ist die Entstehung von Kohleflözen das Pendant für einen dauerhaften Entzug von Kohlenstoff aus der Atmosphäre durch die Photosynthese von Pflanzen und seine Einlagerung im Erdreich. Diese Ausdünnung des atmosphärischen CO_2 Gehalts ist für den Erhalt eines Gleichgewichts bei dem kurzfristigen Kohlenstoffkreislauf mit verantwortlich, da vulkanische Aktivitäten permanent den Anteil an Kohlendioxid erhöhen.

In Zahlen ausgedrückt sieht das beschriebene Gleichgewicht folgendermaßen aus:

* Gesamtmasse von Kohlenstoff im Gestein der Erde: 60 000 000 GT
* ... in der Atmosphäre: 850 GT (entspricht ca. 3 000 GT Kohlendioxid)
* der kurzfristige Kohlenstoffkreislauf bewegt jährlich 500 GT
* vulkanische Aktivitäten erhöhen den Kohlenstoff in der Atmosphäre jährlich um 0,2 GT
* Ausfällung von Calciumcarbonat und pflanzlichem Karbon reduzieren den Anteil von Kohlenstoff wieder um diese 0,2 GT

Das Gleichgewicht zumindest der letzten halben Million von Jahren hat folglich den CO_2 Gehalt der Atmosphäre auf unter 300 ppm festgeschrieben und menschliches Leben ermöglicht, nachdem der Meteorit von Cicxulub die übergewichtigen Dinosaurier weggefegt, und seitdem vor 1,3 Millionen Jahren der Super-Vulkan im heutigen Yellowstone Nationalpark in Wyoming eine erdumfassende Eiszeit ausgelöst hatte. Der Mensch wurde in der Kälte geboren.

Teufel und Deppen

Einige werden dieses Gleichgewicht für einen unglaublichen Zufall halten, welcher menschliches Leben und menschliche Entwicklung überhaupt erst ermöglicht hat. Andere werden von einem ´naturgegebenen` Streben nach Gleichgewicht reden, quasi einem Darwinismus von Kräften der Natur.

Wieder andere sind überzeugt von einem vorgegebenen ´göttlichen Plan` der Schöpfungsgeschichte.

Für unsere Analyse spielen diese Interpretationen keine Rolle, obwohl ich doch einmal kurz bemerken möchte, dass die Vertreter einer Theorie vom göttlichen Plan sodann die Menschheit als die wahren Teufel einordnen müssten. Denn es ist der Mensch selbst, welcher den Plan seines Schöpfers grundlegend und wissentlich zerstört. Zumindest was die mächtigen Macher der betroffenen Großkonzerne und die politischen Lenker von Industrienationen betrifft. Diese Superteufel sind im übrigen oftmals genau jene hohen Herrschaften, die sich bei Audienzen im Vatikan die Klinke in die Hand geben. Nicht wahr, Eure Heiligkeit?

*

Nun also lauten unsere Zahlen folgendermaßen:

* Gesamtmasse von Kohlenstoff im Gestein der Erde: 60 000 000 GT
* ... in der Atmosphäre: 850 GT (entspricht ca. 3 000 GT Kohlendioxid)
* der kurzfristige Kohlenstoffkreislauf bewegt jährlich 500 GT
* vulkanische Aktivitäten erhöhen den Kohlenstoff in der Atmosphäre jährlich um 0,2 GT
* Ausfällung von Calciumcarbonat und pflanzlichem Karbon reduzieren den Anteil von Kohlenstoff wieder um diese 0,2 GT

plus

* menschliche Aktivitäten fügen diesem Kreislauf jährlich 30 GT hinzu
  (Stand 2018)
... und das schöne Gleichgewicht des kurzfristigen Kohlenstoffkreislaufs ist zum Teufel. Ungefähr die Hälfte des zusätzlichen CO_2- Ausstoßes wird von der Biosphäre (Pflanzen) und den Weltmeeren aufgenommen. Der Rest verbleibt in der Luft und der Anteil von Kohlenstoffdioxid in der Atmosphäre steigt.

Auf dem Mauna Loa in Hawaii steht auf über 3000 Metern Höhe eine der ältesten Meßstationen zur Erfassung genauer Daten der Erdatmosphäre. Zumindest war diese Station eine der weltweit Ersten, die ihre gewonnenen Daten für jedermann ersichtlich ins Internet stellt.

https://www.esrl.noaa.gov/gmd/ccgg/trends/gl_gr.html

Außerdem liegt Hawaii inmitten des Pazifiks und somit auch außerhalb jener Gebiete, deren Daten von regionalen CO_2- Dreckschleudern beeinflusst werden. Wenn wir einmal von dem am 7. Dezember 1941 gesunkenen Schlachtschiff USS Arizona absehen, das vor Pearl Harbor auf Grund liegt und dessen Treibstoff - Reserven bis heute an die Oberfläche des Wassers im Hafens aufsteigen.

Der bisherige Rekord von CO_2 in der Atmosphäre wurde dort im Monat Mai 2020 mit 417 ppm verzeichnet, Corona - Lockdown hin oder her. Auch wenn wir in Rechnung stellen, dass in Washington dieser ignorante Elefant herrscht, der bemüht ist, sämtliches Porzellan der Welt zu zertrümmern, in Brasilia ein verblödeter Lobbyist das Sagen hat und in Peking der neuer Kaiser die Fäden spinnt, - Herrscherfiguren, deren Gemeinsamkeit darin besteht, dass ihnen Wirtschaftswachstum allemal wichtiger ist als der Zustand unserer Atmosphäre und oder gar die Erderwärmung - selbst dann hätte es nicht gerade zu Zeiten eines weltweiten Lockdowns neue Rekordwerte geben dürfen. Es müssen noch weitere relevante Quellen für den CO_2 und Methanausstoß existieren. Oder die CO_2- Senken sind nicht mehr in der Lage, die gleichen Mengen wie vorher an CO_2 aufzunehmen und in den kurzfristigen Kreislauf einzubinden. Oder beides ...

*

Auf der Klimakonferenz in Madrid Ende 2019 wurde die Empfehlung an die Mitgliedsländer ausgegeben, die Erderwärmung möglichst auf unter 2 Grad im Verhältnis zur vorindustriellen Zeit zu begrenzen. Klappt natürlich nicht, und auch eine Begrenzung von 3 Grad ist nur eine Illusion. Aber was soll`s, das war ja auch nur eine Empfehlung. Ein Appell.

Ungefähr so, als wenn der Weltkirchenrat Imane, Rabbiner, eine Abordnung von indischen Brahmanen, den Dalai Lama und den Schamanen Mongush Kenin-Lopsan aus Sibirien zu einer Konferenz einlädt, um sodann in einem Schlusskommuniqué den Völkern dieser Erde zu empfehlen, ein wenig friedlicher miteinander umzugehen und die nächsten anstehenden Kriege doch möglichst zu vermeiden. Oder zumindest weniger Bomben auf die Zivilbevölkerung zu werfen.

Und viele deutsche Bürger fragen sich, was sind denn schon zwei oder drei Grad mehr oder weniger?

Wir haben Atomkraftwerke abgeschaltet, dem Osten moderne Infrastrukturen finanziert, eine neue europäische Währung nach unserer Fasson durchgesetzt, die Bankenkrise überstanden, Unmengen von Flüchtlingen aufgenommen und manchmal sogar dem peinlichen amerikanischen Präsidenten die Stirn geboten. Was machen uns da noch ein paar Grad mehr oder weniger aus? Fahren wir eben im Urlaub nach Norwegen, statt nach Spanien. Oder wir bleiben im Lande, ist ja auch billiger.

Tja, vielleicht ...

Doch auch beim allerbesten Willen werden wir es nicht schaffen, die Naturgesetze außer Kraft zu setzen. Unter diese Gesetze fallen auch die Aggregatzustände des Wassers, unserem wichtigsten Lebenselixier. Und Wasser gefriert nun einmal bei Temperaturen unter Null und taut bei einer Erwärmung über Null wieder auf. Seine größte Dichte und maximales Gewicht erreicht Wasser bei 4,5 Grad Celsius, jedoch ist mit Salz gesättigtes Wasser schwerer als Süßwasser. Meerwasser verdunstet bei steigender Erwärmung immer schneller, und ab 26,5 Grad Wassertemperatur und bei entsprechender Sonnenbestrahlung bilden sich die Nuklei von Wirbelstürmen heraus. Und außerdem dehnt sich erwärmtes Wasser auch noch ganz schön aus.

Die protestierenden Fridays wissen dies natürlich. Sie wissen auch um die Konsequenzen für unser weiteres Überleben auf diesem Planeten. Und sie verlangen, dass die Teufel und ihre politischen Helfer endlich handeln, bevor es für die gesamte Menschheit zu spät ist.

Die Aktivisten von ´Ende Gelände` und von ´Extinction Rebellion` wissen dies natürlich ebenso. Und selbst einige Superteufel bekommen inzwischen weiche Knie, weil ihnen dämmert, dass ihr eigenes Schicksal und das ihrer Familien gleichfalls nach einem Klima-Crash beendet sein wird.

Nur die Deppen vom Verfassungsschutz wissen überhaupt nichts und haben gerade die Bewegung von ´Ende Gelände` als Bedrohung für unser Land eingestuft. Aber die Jungs vom BfV und den Landesämtern dieser Behörde hatten ja noch nie einen wirklichen Durchblick.

Das ABC der Erderwärmung

Also, wie steht es denn nun mit dem Verhältnis von Wasser und Klima bei fortschreitender Erwärmung in unserer aktuellen Situation?

Zunächst einmal müssen wir festhalten, dass die Daten einer durchschnittlichen Erderwärmung kaum einen geeigneten Anhaltspunkt für Folgereaktionen abgeben, denn die Erde erwärmt sich nicht gleichmäßig. Die polaren Regionen auf der Nordhalbkugel erwärmen sich zur Zeit sehr viel schneller als die Regionen um den Äquator. Und hier, auf der Nordhalbkugel liegt ein gutes Viertel der Landmasse unter Permafrost, der gerade in rapidem Tempo auftaut. Die Bewohner der nördlichen Gebiete von Sibirien, Alaska und Kanada können ein Lied davon singen.

Doch letzten Endes kommt es nicht so sehr darauf an, ob Häuser in Jakutsk einstürzen oder der Alaska Highway zur Buckelpiste wird, so schwerwiegend die Auswirkungen für die direkt Betroffenen auch sein mögen, weil ihnen der Boden unter Häusern, Straßen und Füßen verschlammt.

Wichtiger für den Rest der Welt ist die Tatsache, dass bereits in den oberen Schichten dieser Böden mehr als doppelt so viel Kohlenstoff lagert, als in der gesamten Atmosphäre vorhanden ist. Tauen die Böden auf, machen sich unverzüglich emsige Bakterien ans Werk und verarbeiten den Kohlenstoff zu Kohlendioxyd (an der Oberfläche) und zu Methan (bei Sauerstoff - Ausschluss). Beide Gase steigen in die Erdatmosphäre auf und werfen das atmosphärische Gleichgewicht der letzten 500 000 Jahre über den Haufen.

Inzwischen haben sich die Grenzen der stabilen Permafrostböden bereits mehr als 100 Kilometer nach Norden verschoben.

Das betrifft eine Landfläche von der dreifachen Größe Deutschlands, auf der es jetzt rumort und blubbert und von der aus Kohlendioxyd und Methansäulen in die Atmosphäre aufsteigen. Und mit jedem Tag wird diese Fläche größer.

(Anmerkung: gerade in den Tagen, als dieser Abschnitt geschrieben wurde, erlebte der Nordosten von Sibirien eine noch nie da gewesene Hitzewelle. Die Temperaturen stiegen dort in der zweiten Hälfte des Monats Juni auf über 30 Grad Celsius. Der Ort Chatanga am Polarkreis zum Beispiel, dessen Temperaturen normalerweise auch im Sommer nicht über Null steigen, meldete am 25. Mai 25 Grad Celsius. Das sind 13 Grad über dem bisherigen Wärmerekord von 12 Grad. Es stand als winzige Information in den Zeitungen und kam über die Nachrichten in den durchlaufenden Textzeilen, die niemand mitliest. Die Welt war ja auch gerade mit einem neuen Virus beschäftigt.)

*

Natürlich schmilzt auch das Polareis, wie könnte es anders sein? Im Gegensatz zu den Eisschilden auf Grönland oder der Antarktis, die mehrere tausend Meter dick sind, ist das schwimmende Eis des Nordpols lächerlich dünn. Seine Stärke beträgt nur zwischen drei und fünf Metern, da es von seiner Unterseite durch das Wasser des Polarmeeres kontinuierlich geschmolzen wird. Dies ist zwar auch schon vor tausend Jahren so gewesen, als die klimatischen Bedingen unserer Atmosphäre noch im Lot waren, eben weil das Wasser unter dem Eis eine höhere Temperatur und einen erhöhten Salzgehalt aufweist. Jedoch wächst das Polareis im nördlichen Winter längst nicht mehr so flächendeckend, wie zu jenen vergangenen Zeiten, als der Papst Urban zum ersten Kreuzzug aufrief. Im Sommer verschwindet dieses Eis bis auf ein paar klägliche Reste und die Region nimmt mehr Sonnenenergie auf, weil der Reflexionseffekt der weißen Schneedecke kleiner wird. Gleichwohl ist diese weitere Erwärmung noch nicht der gefährlichste Faktor im Anwachsen des Treibhauseffekts bei der fortschreitenden Schmelze des Polareises ...

*

Die größten CO_2-Senken auf dieser Erde sind die Ozeane.

Kohlenstoffdioxid löst sich leicht in Wasser, und der Austausch der CO_2 Konzentration zwischen der Atmosphäre und den Meeren verläuft linear.

Dies bedeutet, dass die Meere CO_2 aufnehmen, wenn die Konzentration von Kohlendioxid in der Atmosphäre größer ist als im Wasser. Umgekehrt gasen die Ozeane CO_2 aus, falls die im Wasser gelöste Konzentration diejenige der Atmosphäre übersteigt. So weit, so gut.

*

Allerdings findet dieser Austausch nur mit der Konzentration von CO_2 an der Wasseroberfläche statt, und Kohlenstoffdioxid verteilt sich nicht selbsttätig im Wasser, so wie in der Luft. Jedenfalls nicht schnell genug und nicht im großen Maßstab. Wind und Wellen schaffen es trotz Riesenwelle und Megastürmen gerade einmal, das Meer bis zu einer Tiefe von 200 Metern zu bewegen. Um das aufgenommene CO_2 in den riesigen Wassermassen der Ozeane bis hin zum Meeresboden hin zu verteilen, braucht es gigantische Umwälzpumpen, die diese Verteilung übernehmen.

Diese Umwälzpumpen existieren bereits. Die Rede ist von den großen Meeresströmungen. Die größte und konstanteste von ihnen ist der Golfstrom. Doch die Stärke dieses Meeresstromes nimmt ab. Inzwischen hat der Golfstrom bereits 20% seiner Kapazitäten zur Umwälzung der Wassermassen des Atlantik verloren.

Wieso?

Den Motor dieser gigantischen Pumpe bilden die im Nordmeer schlagartig 3 000 Meter in die Tiefe stürzenden Wassermassen, die von dort aus ihre lange Gegenströmung über den Meeresböden des Nord und Südatlantik bis in den Indischen Ozean antreten, von wo aus sie wieder erwärmt an die Oberfläche aufsteigen und um Südafrika herum an der Westseite des Kontinents nach Norden strömen. Abgelenkt durch die Corioliskraft der Rotationsbewegung der Erde landen sie im Westen in der Karibik, von wo aus sie als aufgeheizter Golfstrom ihre erneute Reise nach Nordeuropa antreten.

Im Nordmeer stürzen die Wassermassen wie gesagt schlagartig in die Tiefe, weil sie durch das Aufeinandertreffen des noch immer recht warmen Wassers des Golfstromes mit den kalten Wassermassen des nördlichen Polarmeeres sehr schnell auf 4,5 Grad abkühlen. Dies ist das Wasser mit dem größten Gewicht und fällt hier schlagartig in die Tiefe. So ist es seit ´ewigen` Zeiten gewesen.

Durch das rapide Abtauen des polaren Eises jedoch kommt ein neuer Faktor mit ins Spiel: Die kalten Gewässer des Polarmeeres sind in steigendem Maße mit Süßwasser vermischt, weil Eis - egal wo - zunächst immer erst das Salz ausscheiden muss, bevor es gefrieren kann. Dies hat zur Folge, das die Mischung aus Kalt- und Warmwasser immer weniger Salz enthält, je schneller das Eis des Nordpoles abschmilzt. Da jedoch Salzwasser eine höhere Dichte hat als Süßwasser, also schwerer ist, stürzen die Wassermassen nicht mehr mit der gleichen Gewalt in die Tiefe, auch wenn sie die Temperatur von 4,5 Grad erreichen. Oder - mit anderen Worten - je schneller das Eis über dem Nordpol schmilzt, desto schwächer wird die größte Umwälzpumpe der Weltmeere.

Nein Frau Ministerin, Rudel von Salz streuenden U-Booten können dort auch nicht helfen, und vielleicht wäre es überhaupt besser, wenn sich das Militär aus dem Überlebenskampf der Menschheit heraus halten würde.

Der Golfstrom wird schwächer, und in Nordeuropa wird es kälter. In der Karibik und vor der Westküste Afrikas hingegen wird es entsprechend wärmer. Entscheidender ist jedoch, dass sehr viel weniger CO_2 aus der Atmosphäre aufgenommen wird, da die Verteilung des Kohlendioxid in die Tiefen der Ozeane gestört ist.

Eine gefährliche Nebenerscheinung dürfte die neue Welle von Hurrikans sein, die nun immer mächtiger und häufiger auftreten, da sie früher entstehen und eine längere Zeit über den Meeren verweilen, was sie größer und noch um einige Grade stärker werden lässt.

Noch unerfreulicher dürfte für den Tourismus der Region das extreme Wachstum des schwimmenden Sargassokrautes sein, welches in der Karibik und im mittleren Atlantik mittlerweile zu riesigen Teppichen angewachsen ist, die bis nach Westafrika hinüberreichen. (hierzu tragen im übrigen auch die Gewässer des gewaltigen Amazonasstromes bei, der Düngemittel-Reste aus Brasiliens überdüngten Böden in den Atlantik spült).

In ihrer Verzweiflung versuchen die Behörden der Karibik-Inseln ihre Strände und Badezonen im Meer tagtäglich irgendwie von diesem Bewuchs zu reinigen, denn oftmals sind die Einnahmen aus dem Tourismusgeschäft ihre einzige Devisenquelle. Doch an Land setzen die noch feuchten Haufen aus Algen Schwefelgase frei, die penetrant nach faulen Eiern riechen. Auch nicht gerade romantisch.

Endlich wieder Urlaub !!!!
bin auf Barbados ...

... alles Scheiße, eure Erna.

Hasardeure und Methanhydrat

Methan (CH_4) liegt nahezu immer als Gas vor, da sowohl sein Schmelzpunkt (-182 °C) , als auch sein Siedepunkt (-162 °C) in einem extremen Kältebereich liegen. Jedoch hängen die physikalischen Bedingungen des Methanhydrats, also des von Eiskristallen eingeschlossenem Methangases von den Aggregatzuständen der gefrorenen Eiskristalle ab, die den sogenannten Hydratkäfig bilden. Entweder es muss kalt genug, oder der Druck muss groß genug sein, um diese Käfige stabil zu halten. In der Regel treten größere Methanhydrat- Vorkommen auf den Böden und an den Steilhängen zur Tiefsee der Meere auf, wenn eine Kombination aus Temperatur und Druck die Bildung dieser Hydrate ermöglicht hat. In den Tiefen der kälteren Meere findet sich Methanhydrat ab ca. 200 Metern unter der Wasseroberfläche, bei den warmen Meeren dieser Erde meist erst ab 600 Metern.

Zunächst erschien ein Abbau sowie eine Verwertung dieser Energiequelle nur eine Alternative für diejenigen Industrienationen, die keine eigenen Erdölvorkommen besitzen. Länder wie Japan oder Korea zum Beispiel, vor deren Küsten und Steilhängen zur Tiefsee sich reichhaltige Vorkommen befinden.

*

Doch auch Russland baut seit 1976 aus dem sibirischen ´Messojacha-Feld` Methan ab. Dort wird dieses Produkt verschämt mit ´Gaskondensat` betitelt, denn ein Eingriff in die Methanhydratfelder an den Abhängen zur Tiefsee ist aus vielen Gründen heraus extrem problematisch. Vielleicht sollten wir gelegentlich unseren ehemaligen Bundeskanzler Gerd Schröder fragen, ob er einmal etwas von der Storegga- Katastrophe gehört hat. Immerhin vertritt er in Deutschland ja den russischen Staatskonzern Gazprom, unter dessen Federführung der Abbau vorgenommen wird.

Jedenfalls sind die Superteufel hellwach geworden, seid bekannt ist, dass in den Tiefen von Meeren und Ozeanen mehr als die doppelte Menge an brennbaren Kohlenwasserstoff - Verbindungen lagert, als alle bekannten Reserven von Erdöl, Erdgas und Kohle zusammen. Und die größten Vorkommen finden sich in den Randmeeren und unter dem Eis der Antarktis.

Vermutlich wird bereits an vielen Stellen der Weltmeere klammheimlich Methanhydrat abgebaut, und selbst Länder, die reiche Erdölvorkommen besitzen, sind mit von der Partie. Die USA zum Beispiel bauen im kanadischen Mackenzie - Flussdelta an der Grenze zu Alaska Hydratfelder ab, obwohl die Förderbedingungen dort hoch oben an der Grenze zu Alaska für die Stabilität des Nordatlantik ein gewagtes Unterfangen sind. Aber die Gier, die Gier ...

An der amerikanischen Pazifikküste hat es bereits einige kleinere Hangrutsche gegeben und sogleich sind einige Wissenschaftler mit der These zur Hand, dass derartige Rutschungen in die Tiefsee nichts mit dem Verschwinden des Methanhydrats zu tun haben können.

Charles Paull zum Beispiel, vom Monterey Bay Aquarium Research Institut in Kalifornien, veröffentlichte 2007 in den Geophysical Research Letters einen entsprechenden Artikel, für den er sogar die Bruchkanten und Geröllreste der berühmten Storegga- Rutschung vor 8 000 Jahren untersucht haben will. Denn die Mechanismen dieser Katastrophe sind durch das Buch ´Der Schwarm` von Frank Schätzing weltbekannt geworden.

Auch wenn es sich in diesem Roman um die Methanfreisetzung seitens einer fiktiven Intelligenz handelt, die der Menschheit ihre Grenzen aufzeigen will, sind die Ereignisse der folgenden Katastrophe dennoch korrekt recherchiert worden. Doch der Kollege Paull hat offensichtlich nur zu Papier gebracht, was die Superteufel der Energiekonzerne ihm in die Feder diktiert haben.

Denn selbstverständlich wirken die Hydrate an den Kontinentalhängen wie ein Kleister für diese Hänge, von denen viele ohne den Zement der Methanhydrate zusammenbrechen würden.
Das molekulare Gewicht des Methanhydrats ($0,9$ g/cm³) ist leichter als das Molgewicht von Wasser. Dies bedeutet, dass die Methankäfige aus jeder Tiefe des Meeres sofort aufsteigen und zerplatzen würden, sofern sie nicht mit dem Gestein der Böden und Hänge ´zementiert` wären. Und wer weiß schon, ob die Japaner ihren Tsunami 2011 vor der Küste von Fukushima nicht selbst zu verantworten haben. Wir werden es wohl niemals erfahren.

Doch auch ohne die ganz großen Medienereignisse schleicht die Methankatastrophe voran. Jede Erwärmung der Weltmeere setzt unweigerlich Methan frei, weil die Vorkommen in den

Meeren bis genau an die Grenzen von Temperatur und Druck gehen, die den Aufbau der Hydratkäfige noch ermöglicht haben. Bereits eine leichte Erhöhung der Meerestemperatur zerstört die oberen Methankäfige. Vor der Küste des amerikanischen Bundesstaates Washington setzt die Erwärmung des Tiefenwassers jedes Jahr eine Methanmenge frei, wie sie bei der großen Umweltkatastrophe nach der Explosion der Förderinsel ´Deepwater` im Golf von Mexiko in die Atmosphäre gelangt ist.

Tendenz steigend - wie könnte es auch anders sein!

*

Immer auf die Kleinen ...

Einer der wichtigsten Mechanismen zum dauerhaften Entzug von Kohlenstoff aus dem ´kurzfristigen Kohlenstoffkreislauf` sind die Korallensiedlungen in den Meeren, deren Gehäuse aus Calciumcarbonat aufeinander aufbauen und in Ufernähe gewaltige Riffe ergeben können. Korallen leben in Symbiose mit einer winzigen Algenart, die eigentlich nur Einzeller sind und in den Gehäusen leben, welche die Korallen mit Hilfe der Photosynthese ihrer Mitbewohner aus dem Kohlendioxyd der Meere gewinnen. Koralle und Mini-Alge gehen eine perfekte und effektive Symbiose ein und erschaffen den Lebensraum für eine unendliche Artenvielfalt in den warmen Zonen von Atlantik, Pazifik und des indischen Ozeans. Dort beginnen die maritimen Nahrungsketten der tropischen Meere, von der letztendlich mehr als eine halbe Milliarde Menschen abhängig ist.

Doch gerade diese harmonische Symbiose macht Korallenriffe anfällig für Veränderungen ihres Umfeldes, oder auch zur leichten Beute ihrer Feinde, sobald das natürliche Gleichgewicht ihrer Region gestört wird. Denn es genügt bereits, dass ein Part dieser Symbiose abstirbt, um das Verhängnis auch auf den anderen Part zu übertragen. Ohne eine harmonische Symbiose aus Tier und Pflanze können die Korallen nicht überleben.

Diese Störungen können aus Algenkrankheiten, Schimmelpilzbefall und sogar in der massenhaften Vermehrung Korallen fressender Seesterne bestehen.

Eine relativ geringfügige Temperaturerhöhung ihrer Gewässer ist jedoch der hauptsächlichste Grund für die sogenannte Korallenbleiche.

Die Korallenbänke verlieren hierbei ihre bunten Farben (werden bleich), weil sie ihre winzigen Algen aus der gemeinsamen Behausung rauswerfen, sobald diese Einzeller auf Grund der Erhöhung der Meerestemperatur keine Photosynthese mehr leisten können. (Heutzutage wissen wir, dass selbst geringe Temperaturschwankungen ein bestimmtes Protein der Algen beeinträchtigt und somit die Photosynthese stört). Können diese Korallen nicht in einem Zeitraum von einigen Wochen neue Mitbewohner finden, sterben sie definitiv ab.

Doch auch die Dornenkronen - Seesterne sind nicht zu unterschätzen. Das sind nicht die knuddeligen Fünf-Arme-Sternchen aus den Gute-Nacht-Geschichten für Kinder, sondern vielarmige Monster von einem halben Meter Durchmesser mit giftigen Stacheln. Diese Vielfraße umklammern ganze Korallenkolonien mit ihrem Greifarmen, stülpen ihre Mägen über die Beute und verdauen sie innerhalb von ein paar Stunden.

Das wahrhaft Skandalöse an diesen Seesternen ist jedoch ihre unglaubliche Vermehrungsrate. Die Weibchen legen 12 Millionen Eier pro Monat ab, die nun durch die Zunahme des Phytoplanktons in den Küstengewässern eine vielfach gestiegene Überlebenschance besitzen. Ursächlich für das gesteigerte Wachstum des Planktons ist die Vervielfachung der - von den Flüssen ins Meer gespülten - Nährstoffe durch gerodete Wälder und Sturmfluten.

Der einzige natürliche Feind von ausgewachsenen Seesternen sind die großen Tritonshörner, einer bei Sammlern äußerst beliebten Schneckenart.

Als sich im Jahre 1969 die Monster-Seesterne an der Küste der Pazifikinsel Guam über die Korallenriffe hermachten, haben sie innerhalb von einigen Monaten 90% aller Korallen abgefressen. Die amerikanischen GIs hatten wohl sämtliche Tritonshörner mit in die USA genommen.

*

Weltweit sind 18% der Riffe geschädigt, weitere 14% schwer geschädigt und 27% aller Korallenriffe bereits tot. Die Küstengewässer sind gerade dabei, ihre wichtigsten Endlagerstätten für Kohlenstoff zu schließen, den die Ozeane der Atmosphäre entzogen haben.

Brutale Superteufel und ihr faschistoider Depp

Keine Senke von Kohlenstoffdioxid, keine Sauerstoff freisetzende Lunge ist für die Menschen wichtiger als die großen tropischen Regenwälder.

Der gigantische Regenwald des Amazonas ist ein Geschenk für die ganze Menschheit auf dem Planeten. Er reicht von den Anden bis hinüber zum Atlantik, genau dort, wo die Ost-West Ausdehnung Südamerikas am mächtigsten ist. 3 500 Kilometer Ost-West, 2 000 Kilometer Nord-Süd bedecken seine Wälder 6 1/2 Millionen Quadratkilometer. Fast so groß wie Australien, oder zweimal die Fläche ganz Indiens und ein gutes Drittel der Landmassen Südamerikas.

Dieser Regenwald ist, ähnlich wie große Teile des Regenwalds der Äquator-Regionen Afrikas, ein über Millionen von Jahren gewachsenes Naturwunder. Denn eigentlich dürfte dort - mit Ausnahme des Anden-Vorlandes und einem schmalen Grünstreifen an den Flüssen - überhaupt nichts wachsen.

Seine Böden sind unglaublich arm an Nährstoffen, und nur die längsten und tiefsten Baumwurzel sind in der Lage, einige Mineralien aus der Erde zu ziehen. Der Kohlenstoff aus abgestorbenen Pflanzen wird sofort wieder von neuen Pflanzen verwertet, oftmals schon, bevor sie den Erdboden erreichen. Seine Versorgung mit frischen Nährstoffen erhält dieser gigantische Wald durch Winde aus Westafrika.

Dort, in der Bodélé- Niederung der Sahara liegt das Becken eines vor Urzeiten ausgetrockneten Sees, der einstmals die Größe der Seen Nordamerikas hatte. Passatwinde treiben pulverisierte Schalen von Muscheln und Kleintieren über den Atlantik bis in das Amazonasbecken. Dort erzeugt der tropische Wald seinen Regen aus der Feuchtigkeit der Pflanzen, die über dem Regenwald aufsteigt, sich an den Staubpartikeln der Luft kondensiert und als - mit Nährstoffen angereicherte - Feuchtigkeit wieder abregnet. Der Regenwald des Amazonas versorgt und erhält sich selbst.
Und er kann noch etwas:

Im Normalfall binden Bäume und Wälder Kohlendioxid aus der Luft und werden Teil des ´kurzfristigen Kohlenstoffkreislaufs`. Wie beschrieben entziehen die Wälder während ihres Wachstums der Atmosphäre CO_2 und geben den Kohlenstoff bei ihrer Verwesung oder Verbrennung als Kohlenstoffdioxid wieder an die Atmosphäre ab. Aber Pflanzen brauchen für ein optimales Wachstum CO_2- Werte von 700 bis 900 ppm, wie jeder professionelle Gärtner weiß. Die borealen Wälder können kaum auf eine veränderte Zusammensetzung der Atmosphäre reagieren und mit der notwendigen Geschwindigkeit mehr Kohlendioxid aufnehmen. Anders hingegen die Regenwälder Sudamerikas, Atrikas und Asiens. Dort können die Bäume und Pflanzen schier unendlich in die Höhe wachsen, denn ihr Wasser und Nährstoffhaushalt unterliegt einer weitgehenden Eigenversorgung. Die Regenwälder sind neben den Weltmeeren die zweiten regulativen Mechanismen einer Reduktion der Treibhausgase in unserer Atmosphäre.

Und jetzt werden sie zerstört.

Bereits ein Temperaturanstieg von 1 1/2 Grad könnte die tropischen Regenwälder in ´Hitzestress` versetzen, den Kreislauf von Verdunstung und täglichem Niederschlag nachhaltig beeinträchtigen und den komplizierten Mechanismus der Selbsterhaltung dieser Wälder langsam zerstören.

Wie wir festgestellt haben, verläuft jedoch die Erderwärmung am Äquator sehr viel langsamer als in den polaren Zonen der Erde. Der tropische Regenwald konnte sich bislang den Auswirkungen dieser Erwärmung widersetzen. Gegen die zerstörerische Kraft des modernen Menschen jedoch ist er machtlos.

*

In Brasilien haben die mächtigen Agrokonzerne mit Bestechungen und durchsichtigen Intrigen einen politischen Rundschlag vollbracht, um die riesigen Gebiete des Amazonas profitabel ausbeuten zu können. Ein größenwahnsinniger Schwachkopf, mit dem Charme des Rodrigo Duterte von den Philippinen, den Fantastereien eines Militärdiktators und der Eleganz eines Ameisenbären wurde nach einer manipulierten Wahl zum neuen Präsidenten ernannt.

Diese Wahl wurde, ebenso wie die Wahl des Donald Trump in den USA, durch massive Beeinflussung der Wählermassen mittels Fake-News und religiösem Sermon in den sozialen Medien entschieden. Doch während der amerikanische Präsident seine Wahlmanipulationen wenigstens bei ausländischen Ghostwritern und Verbreitern in Auftrag gab, hat Jair Bolsonaro aus einem Hinterzimmer des Parlamentsgebäudes agiert, welches direkt an sein Abgeordneten- Zimmer angrenzt.

Natürlich hatte der Kandidat nicht persönlich in die Tasten gegriffen, um seine Botschaften unter die Leute zu bringen. Kann der gar nicht. Jair Bolsonaro könnte vermutlich keinen PC von einer Waschmaschine unterscheiden, aber es gibt ja Leute im Hintergrund.

Sie heißen:

* Theresa Christina (Landwirtschaftsministerin)

* Celso Luis Moretti (Agrarforschungsinstitut Embraba)

* Luiz Antonio Nabhan Garcia (Staatssekretär für Landrechte)

Diese Teufel der aus der mächtigen Agrarlobby bestimmen die aktuelle Politik in Brasilien und haben hinter sich noch viel mächtigere Superteufel.

* David W. MacLennan   CEO Cargill (USA)

* Juan Luciano   CEO Archer Daniels Midland (USA)

* Margarita Luis Dreyfus   CEO Luis Dreyfus (Holland)

* Soren Schroder   CEO Bunge (USA)

* Wei David Dong   CEO Cofco (China)

... und natürlich der bekannte Manager und Aufsichtsratvorsitzende der Bayer AG , Werner Baumann aus Old Germany. (Glyphosat-Werner)

Gemeinsam machen sie sich gerade daran, den brasilianischen Regenwald platt zu machen und auf den frei gewordenen Flächen die profitablen gen-veränderten Futterpflanzen des Monsanto/ Bayer Konzerns mit Round up zu besprühen, die auf den mit Bayergift gedüngten Böden für die Mastfarmen Chinas und Europas gepflanzt werden. Und wo die Glyphosatkeule so richtig hinlangt, wächst niemals wieder eine natürliche Pflanze.

*

Der Klimawandel hat noch eine Reihe weiterer Konsequenzen, von denen ich an dieser Stelle nur die Wichtigsten erwähnen möchte: Die Störungen der indischen Monsunwinde, die den übervölkerten Gebieten von Westbengalen und Bangladesch mal Phasen unfruchtbarer Trockenheit und dann wieder gewaltige Überschwemmungen bringen und Tausende von Opfern fordern. Oder das veränderte Verhalten des Jetstreams, dieser schnellen West-Ost Luftströmung in der oberen Troposphäre der nördlichen Erdhalbkugel, welche die Druckunterschiede unserer Atmosphäre über der Äquatorzone und den polaren Gebieten ausgleicht. Dieser rasante Luftstrom beschert uns in den gemäßigten Breiten einen steten Wechsel von Hoch- und Tiefdruckgebieten, die unser tägliches Wetter bestimmen.

Der Klimawandel bewirkt gewissermaßen ein länger andauerndes ´Einfrieren` von Hoch- oder Tiefdruckgebieten, da sich die Temperaturdifferenzen zwischen der äquatorialen und der polaren Zone abschwächen. Dauerhafte Hochdruckgebiete bescheren uns im Winter manchmal ungewohnte extreme Kälteeinbrüche wie in den USA im Winter 2018/19 und im Sommer Hitze mit einer anhaltenden Trockenheit, die für die gigantischen

Waldbrände der letzten Jahre verantwortlich gewesen ist. Bei stabilen Tiefdruckgebieten hingegen müssen wir mit Stark- und/oder Dauerregen rechnen.

All die beschriebenen Phänomene sind ausnahmslos durch die veränderte Zusammensetzung unserer Atmosphäre ausgelöst worden. Die Menschheit müsste dringend daran arbeiten, den CO_2 Gehalt schnellstmöglich wieder zu senken.

Macht sie aber nicht ...

Lobbyists and Opportunists wherever you look

In den ersten zwanzig Jahren dieses neuen Jahrtausend hat der weltweite Ausstoß an CO_2 von 25 Millionen Tonnen (25 GT) auf über 36 Millionen Tonnen zugenommen. Das ist nicht nur ein gigantischer Anstieg, den sich die Menschheit auf keinen Fall leisten konnte, ohne die beschriebenen Katastrophen und Entwicklungen auf der Erde zwingend einzuleiten.

In den 24 Jahren von 1960 bis 1984 betrug der Anstieg 10 Millionen Tonnen, während ein Anstieg von weiteren 10 Millionen Tonnen in dem neuen Jahrtausend bereits in den 14 Jahren von 2004 bis 2018 erfolgte. Es handelt sich also um eine dynamische Zunahme, die nicht nur immer mehr, sondern auch immer schneller unsere schützende Atmosphäre zumüllt. Nichts gelernt, der Aktienkurs dankt, und die nächsten Katastrophen zeichnen sich bereits ab.

Die weltweit größten Verschmutzer sind (2018):

1. China
2. USA
3. Indien
4. Russland
5. Japan
6. Deutschland

Bei der Pro-Kopf Emission sieht das entsprechende Ranking so aus:

1. USA
2. Russland
3. Japan
4. Deutschland
5. China
6. Indien

Und somit haben sich die Teufel Xi Jinping, Trump, Modi, Putin, Abe und Merkel in der Kategorie der effizienten Teufel und Untergangsbeschleuniger unbestreitbare Verdienste erworben. Bravo.

*

Die gefährlichsten Kriminellen jedoch sitzen in feinem Tuch gekleidet in den Chefetagen transnational agierender Großkonzerne von Energiewirtschaft, Industrieproduktion und Transportunternehmen. Und die brutalsten dieser Superteufel befinden sich in der Energiewirtschaft. Wenn die sich von ihren komfortablen Sesseln in der Vorstandsetage erheben und aus dem Fenster schauen, können sie doch jederzeit mit ansehen, wie die Schlote ihrer Monsterkraftwerke unsere Atmosphäre Tag für Tag, Stunde für Stunde zumüllen. Aber das geht denen wohl eher am Arsch vorbei. Der Schornstein muss rauchen, heißt es doch so schön, und umso massiver der Qualm, desto größer die Boni. Sie heißen ...

* Shu Yinbiao (Huaneng Power International/ China)
* Di Ruoyu (Datang International Power/ China)
* Qiao Baoping (China Energy Investment/ China)
* Andre de Ruyter (Eskom/ Südafrika)
* Arup Roy Choudhury (National Thermal Power Corporation / Indien)
* Thomas Fanning (Southern Company/ USA)
* Karl-Ludwig Kley (E.ON/ Deuschland)
* Alexei Miller (Gazprom/ Russland)
* Saleh Hussein Alawaji (Saudi Electricity Company/ Saudi Arabien)
* Werner Brand (RWE/ Deutschland)
* Kazuhiko Shimoköbe (Tepco/ Japan)

... um nur einige der unheilvollsten Superteufel zu nennen.

Übrigens, Frau Nachbarin: ´Wussten sie eigentlich, dass auch Kohlekraftwerke ohne CO_2 Emissionen Strom produzieren könnten?` Doch, geht!

Die Technik heißt CCS, und die gibt es schon seit einigen Jahren. CCS ist eine englische Abkürzung und steht für: ´Carbon Clean Solucion`.

Jedenfalls wird bei dieser Methode das freigesetzte Kohlendioxyd vollständig entzogen und zu Natriumkarbonat umgewandelt. Und daraus kann man viele nützliche Dinge anfertigen. Klebstoff zum Beispiel, Seife, Papier und sogar Backpulver. Auf jeden Fall steigt kein Kohlenstoff mehr in die Atmosphäre.

Das erste kommerzielle Kohlekraftwerk, welches mit dieser Methode arbeitet, steht -- nein, nicht in Deutschland oder Frankreich oder England. Es steht in der Kleinstadt Tuticorin im Süden von Indien gegenüber von Sri Lanka, wird von Ramachandra Gopalan betrieben und produziert seit 3 1/2 Jahren Strom, ohne die Umwelt mit CO_2 zu belasten.

Als die größte europäische Dreckschleuder, das polnische Kraftwerk Belchatów im Jahre 2011 ausgebaut wurde, wollte der Betreiber, die Polska Grupa Energetycza die CO_2 - Emissionen mit der CCS - Technik herunterfahren, die in jenen Jahren bereits zur Verfügung stand. Die PGE beantragte eine EU- Förderung, um die Umrüstung zu finanzieren. Doch die EU lehnte eine Förderung ab, und somit qualmt dieser Koloss weiterhin seine Rekord- Emissionen volles Kanonenrohr in die Atmosphäre. So viel zum Thema Umweltpolitik in Europa!

*

Bei Industrieprodukten fällt die größte CO_2 Freisetzung bei der Herstellung von Zement an. Pro erzeugter Tonne wird 700 kg CO_2 in die Atmosphäre geblasen, also ebenfalls nahezu eine Tonne. Weltweit liegt die CO_2 Belastung der Atmosphäre durch dieses Produkt bei 8% des gesamten CO_2 Ausstoßes. Das ist ebenso viel, wie Russland und Japan insgesamt in die Luft blasen. Und wie wir gesehen haben, geht man in diesen Ländern nicht gerade sparsam mit Umweltverschmutzungen um. Wie in keinem der Top 6 Länder und eigentlich bisher in kaum einem Land.

Rund 42 - 45% der CO_2 Emissionen bei der Herstellung von Zement fällt durch Stromverbrauch und die Hitze beim Herstellungsprozess an. (ca.1400 Grad Celsius). Dieser Anteil könnte von erneuerbaren Energien geleistet werden, sofern sie ausreichend zur Verfügung stehen. (wobei bei dieser Produktion ja die Produktionsanlagen in der Nähe von passenden Energiequellen errichtet werden könnten).

Der größere Anteil von 55 bis 58% sind Prozess-Emissionen, die durch die chemische Reaktion bei der Umwandlung von Kalkstein zu Zement anfallen. Daran ist kaum etwas zu ändern - es sei denn, Kalkstein wird durch Magnesiumsilikat ersetzt. Dann wäre kein Kohlenstoff mit im Spiel, und es würde überhaupt keine CO_2 Belastung der Atmosphäre geben.

Beim Bau herrscht weltweit Hochbetrieb, und damit boomt auch die Zementproduktion. In den ersten 10 Jahren dieses Jahrtausend (2000 bis 2010) hat sich die Zementherstellung verdoppelt. Die Großen in diesem Geschäft besitzen alle in einer Anzahl von Ländern nationale Firmenableger, um ihre lokalen Kunden prompt zu beliefern, bevor sich ein neuer Konkurrent am Markt breitmacht, denn das Ausgangsmaterial für Portland-Zement steht nahezu in allen Ländern zur Verfügung. Da ist kein Interesse und keine Zeit für eine Umstellung auf klimaverträgliche Materialien und klimaschonende Herstellungsverfahren.

Die großen 3 der Weltproduktion haben ihren Sitz in der Schweiz, in Deutschland und in Mexiko. Die Verantwortlichen für ein Festhalten an den traditionellen und CO_2 - belastenden Produktionsverfahren sind:

* Jan Jenisch (LafargeHolcim/ Schweiz-Frankreich)

* Dominik von Achten (Heidelberg Cement/ Deutschland)

* Fernando Ángel González Olivieri (Cemex/ Mexiko)

HeidelbergCement AG und Cemex/ Deutschland haben zumindest Patente zu alternativer Zementherstellung eingereicht, bei dem Riesen LafargeHolcim ist bisher nicht einmal davon etwas zu bemerken. Umgesetzt hat bislang keiner dieser Konzerne eine wirklich schadstoff-freie Produktion. Belastung der Atmosphäre und drohender Klima- Kollaps sind für die Herren wohl keine Themen.

*

Bei der traditionellen Stahlproduktion fällt pro Tonne Stahl 1,7 Tonnen CO_2 an. Kohlenstoff wird nach Altväter Art einem Hochofen zugeführt, in dem Stahl gekocht wird, um den Sauerstoff aus dem Eisenerz zu binden, und entweicht als Kohlendioxid in die Atmosphäre. Ebenso gut jedoch könnte der Sauerstoff gebunden werden, indem Wasserstoff statt Kohlenstoff eingeleitet wird. Als Abfallprodukt fällt sodann 100% Klimaneutrales Wasser an.

Alternativ kann das Kohlenstoffdioxid aus den Abgasen bei traditionellen Verfahren der Stahlproduktion herausgefiltert und nach einer Aufbereitung als reiner Kohlenstoff erneut in dem Prozess der Verhüttung verwendet werden.

Beide Verfahren werden in der Tat praktisch erprobt. Die Stahlwerke Salzgitter und die schwedische SSAB setzen auf Wasserstoff, während Thyssenkrupp und der belgische Stahlkocher ArcelorMittal auf die Wiederaufbereitung von CO_2 setzen.

Immerhin. Bislang jedoch sind beide Verfahren noch in der Pilotphase und eine sinnvolle Umsetzung hängt von alternativen Energiequellen und ausreichend ´grünem` Wasserstoff ab. Wasserstoff aus elektrolytischer Produktion mittels Solarenergie würde beide Probleme auf einmal erledigen.

Und gleichzeitig noch den zukünftigen Energieträger für unsere Mobilität abgeben. Allerdings könnten die dafür benötigten riesigen Solaranlagen nicht in Europa stehen. Doch warum nicht die Wüstengebiete von Marokko, Mauretanien, Senegal oder auch Mali in den weltweiten Versorgungsprozess mit diesem universellen Energieträger einbeziehen und diesen problematischen Staaten der gigantischen Sahara eine neue Einnahmequelle eröffnen. Das würde eine dauerhafte ´winwin` -Situation abgeben, und die öligen Saudis blieben außen vor. Selbst die nimmersatten Amerikaner könnten aufhören, die Erdschichten des 200 000 km² großen Permischen Beckens, dem Mekka der Erdölförderung in Texas durch Fracking zu erschüttern, und ihren Longhorns eine kleine Ruhepause zur Wiederaufnahme der Fortpflanzung gönnen. Aber bei den Yankees weiß man ja nie. Am Ende vermehrt sich wohl möglich noch die Familie Bush ...

Transporte am Limit

Transport und Verkehr zu Lande, Wasser und in der Luft tragen zu 21% an dem anthropogenen Treibhauseffekts bei, ungefähr ebenso viel, wie die erwähnten industriellen Prozesse. Nun können wir in unserer überbevölkerten Welt nicht mehr auf Arbeitsteilung und Transport verzichten, gleichwohl wären die größten Belastungen der Atmosphäre relativ leicht zu vermeiden. Die Schlüsselkategorien hierzu lauten: Antrieb, Geschwindigkeit und Regulation. Eine zwingende Regulation für den gesamten Luftverkehr und die Schifffahrt auf den Weltmeeren.

*

Über das Thema ´Verkehr` ist in Europa, und speziell in Deutschland in den vergangenen Jahren endlos gestritten worden. Zu Recht, denn in diesem Bereich zeigen sich die Verfilzungen von Big Business und Politik am eindeutigsten, wie es in dem Autoland Deutschland ja auch nicht anders zu erwarten ist. Das Schwarzbuch ´Autolobby`von Greenpeace enthält eine Unmenge detaillierter Fallbeispiele von Politiker, Lobbyisten und den besonders geldgierigen ´Hin- und- Her- Wechslern` zwischen Finanz und Politik Welt. Wie zum Beispiel der ehemalige Vizekanzler, Umwelt, Wirtschaft und Außenminister Sigmar Gabriel, der bereits während seiner parlamentarischen Tätigkeit reichliche Extra-Vergütungen eingesackt hat und nach seinem Ausscheiden aus der Politik rechts und links die

Hand aufhält. Und die Autoindustrie sorgt mit ihren großen Parteispenden vor jeder Wahl dafür, dass die Übergänge stets ausreichend geschmiert werden.

Die dieser Industrie abgerungenen Schritte zur Reduzierung von Feinstaub bis hin zur Elektromobilität sind an sich natürlich begrüßenswert, auch wenn wir gerade miterleben müssen, wie sich die mafiösen Superteufel der deutschen Schlüsselindustrie gerade für ihre ungeheuren Betrügereien aus der Verantwortung stehlen und ihrer bestens vernetzten Industrie einen neuen Boom unter Beihilfe von staatlicher Förderung bescheren.

Da sind dann wohl gute Entschädigungen und großzügig bemessene Altersrenten angemessen. Warum allerdings gerade ein Winterkorn eine alljährliche Rente bezieht, für die ein Facharbeiter nach 45 Berufsjahren noch 63 Jahre weiterleben müsste und das biblische Alter von 128 Lebensjahren erreichen müsste, bleibt dennoch ein Rätsel. Um sein Konto mit dem einjährlichen Rentenbezug eines Ruhejahres des Herrn Zetsche von Mercedes aufzufüllen, benötigt unser Facharbeiter ohne Fehl und Tadel schon 86 Rentenjahre und müsste mindestens 151 Jahre alt werden, ohne seine Rente jemals anzurühren. Dies ist wohl eher unwahrscheinlich.

Doch wir analysieren an dieser Stelle ja den Ausstoß von Treibhausgasen und dem hieraus resultierenden Anteil an der Erderwärmung durch Transport und Verkehrsmittel und nicht die seltsamen Wege der Justiz oder gar himmelschreiende soziale Ungerechtigkeiten. Also Zetsche, Winterkorn, Müller und Krüger genießt euren Ruhestand. Vielleicht eine kleine Privatinsel in der Karibik? Da steuern die deutschen Autobauer sicherlich noch etwas dazu. Haben die doch in der Portokasse. Wie wäre es denn mit der Isle a Quatre, traumhaft schön und nur 160 km westlich von Barbados. Die steht gerade zum Verkauf. Das passt doch ...

Oben hui, unten pfui

Mag sein, dass die Kreuzfahrt Industrie nicht für den Löwenanteil an der Belastung der Weltmeere steht, denn sie unterhält weltweit nur c.a. 500 sogenannte 'Luxusliner'.

Die allerdings haben es in sich:

So ein 'schwimmender Palast' stößt pro Tag ebenso viel CO_2 aus wie 84 000 PKWs, hat der Naturschutzbund NABU ausgerechnet. In der Realität jedoch bläst die gesamte Flotte dieser Hotelschiffe ein Vielfaches mehr an Treibhausgasen in die Atmosphäre als die rechnerisch ermittelten 42 Millionen Personenwagen, denn die Autos sind ja schließlich nicht allesamt 24 Stunden am Tag unterwegs. Auf einem Urlaubsschiff hingegen stehen die Maschinen niemals still, solange diese Pötte auf See sind.

Außerdem blasen die auch noch Unmengen an Feinstaub und Schwefeloxide in die Luft. Diese extrem gesundheitsschädigenden Gase gehören zwar nicht zu den engeren Treibhausgasen, aber Gift ist Gift. Der Grund für diese Masse an Schadstoffen liegt an den Dieselmotoren der Schiffe, die durch die Bank mit Schweröl betrieben werden. Weil es billiger ist.

Schweröl ist ein Restprodukt aus der Erdölverarbeitung und wird in Deutschland als Sondermüll behandelt. Die Dieselmotoren der Kreuzfahrschiffe schlucken alles. So ein Champion wie der schwimmende Riese mit dem klangvollen Namen ´Harmony of the Seas` schippert 6 700 Passagiere über die Meere und verballert täglich 150 Tonnen Schweröl. Der Kapitän könnte ganze Teppiche des Sargassokrauts in der Karibik für sich alleine reklamieren. ´Selbst gedüngt`!

Macht der natürlich nicht, denn seine Gäste haben schließlich für den versprochenen karibischen Zauber gezahlt. Und ein Geruch nach faulen Eiern gehört wohl eher nicht dazu ...

Nur ein Luxusliner, die ´Aida Nova`, fährt bislang mit LNG Gas. Das erspart zwar der Umwelt die Schadstoffe Schwefeloxid und Feinstaub, reduziert jedoch kaum die CO_2 Belastung der Atmosphäre.

Bei den Handelsschiffen reduziert sich bislang überhaupt nichts. Stückgutschiffe, Massengutschiffe, Rohöltanker, Chemikalientanker, Containerschiffe, Ro-Ro/Passagierschiffe und Flüssiggastanker -- über 50 000 Dickschiffe sind Tag für Tag auf den Meeren. Und sie fahren meistens auf Anschlag, was den Treibstoffverbrauch gewaltig in die Höhe treibt. Wenn zum Beispiel so ein mittelgroßer Frachter im Normalfall 36 Tonnen Rohöl am Tag wegballert, könnte er bei eine Reduzierung seiner Geschwindigkeit von 15 auf 13 Knoten gut und gerne seine 12 Tonnen Rohöl weniger verbrauchen. Bei einer Reduzierung der Geschwindigkeit um 30% würden die großen Schiffsgiganten über die Hälfte an Treibstoff und somit an Emissionen einsparen.

Flugreisen stehen für den Ausstoß von c.a. 5% an den weltweiten Treibhausgasen. Nahezu 200 000 Flüge transportieren Tag für Tag Passagiere und Fracht von einem Flughafen zum anderen. Bei einem Flug von München nach New York und zurück stehen dann mal locker 2,5 Tonnen CO_2 zu Buche.

Wirklich reduzieren lässt sich dieser Ausstoß nicht. Da hilft es nur, den Flugverkehr einzuschränken. Denn niemand muss andauernd von A nach B oder C fliegen.

Und Litschis aus Australien in die Supermärkte von Europa zu transportieren, dürfte ebenso überflüssig sein. Soll die Scott Morrison doch auf die Weihnachtsinsel schippern. Dann haben wenigstens die Kinder der ´boat people` ab und zu auch mal etwas Süßes zu naschen.

*

So sieht es aus

Mag sein, dass zu dieser Auflistung noch der eine oder andere Aspekt hinzugerechnet werden sollte, oder dass irgendwelche Zahlen leicht korrigiert werden könnten. Möglich. Ich habe alle Angaben aus unterschiedlichen Quellen gegeneinander abgewogen und kann versichern, dass dieses auf den vorherigen Seiten aufgezeigte Panorama insgesamt gesehen ziemlich genau den Sachverhalt trifft. Leider ist das so.

In dem Abschnitt über die Erderwärmung steht am Ende eine Aufforderung, die CO_2- Werte der Atmosphäre schnellstmöglich wieder auf einen Anteil unter 300 ppm zu drücken. Das ist kein ´es- wäre- gut- wenn` oder ein ´bitte-bitte-Appell` , sondern ein unbedingtes MUSS, wenn die Menschheit überleben will. Jedes Land, jede Regierung, jede Gesellschaft, jede Industrie und auch jede Finanzmacht dieses Planeten muss sich diesem Ziel unterordnen. Und nun müssen wir auch noch den aktuell immer schneller steigenden CO_2 Ausstoß auf ein absolutes Minimum begrenzen. Nicht erst in 100 oder 50 Jahren, auch nicht in 30 Jahren, sondern sofort. Jetzt müssen wir anfangen, jegliche überflüssige Emission von Treibhausgasen zu stoppen und gleichzeitig die Technik der Luftfilter massiv auszubauen, weiter zu entwickeln, und anzuwenden. Denn einige Kipp-Punkte des Klimawandels sind bereits erreicht, und ganz besonders das rasante Auftauen des Permafrostes setzt enorme Mengen an zusätzlichem Methan und Kohlendioxid frei. Irgendwann in allernächster Zukunft werden wir es nicht mehr schaffen, diese zusätzliche Freisetzung von Kohlenstoff zu kompensieren. Selbst dann nicht, wenn wir jegliche von Menschenhand gemachte Emission von CO_2 auf null begrenzen würden. Das wäre dann der Anfang von unserem Ende.

Wir brauchen Nationen- übergreifende Lösungen. Die Weltgemeinschaft muss Länder ZWINGEN können gemeinsam erkannte Vorgaben einzuhalten. Vorgaben, die von neutralen Wissenschaftlern erarbeitet worden sind, die eine Zukunft des ganzen Planeten Erde und der gesamten Menschheit im Blick haben. Und nicht von Regierungschefs, Umweltministern oder Beauftragten, hinter denen die Macht und das Geld von nationalen oder internationalen Industrieverbänden steht.

Und wir brauchen die Bereitschaft von jedem, von dir und mir und all den anderen, auf Reisen, Konsum und Gewohnheiten zu verzichten, die wir inzwischen als unsere eigenen Wünsche und irgendwie als ´naturgegeben` oder als ´erarbeitet` ansehen. Wir sollten erkennen, dass nichts von alledem unsere ureigenen Wünsche sind, oder gar ´naturgegeben` ist. Wir sind den Verführern und Werbestrategien auf den Leim gegangen, die uns tagtäglich aufs Neue einflüstern, was wir uns wünschen und kaufen sollen. Wir müssen uns sowohl innerlich als auch äußerlich eine neue Welt erschaffen.

*

Rein technisch gesehen wäre eine radikale Reduzierung des anthropogenen CO_2- Ausstoßes nicht einmal so schwierig. Wir könnten den Anteil von Kohlendioxidgasen bei der Energiegewinnung entweder durch eine Umstellung auf alternative Energiequellen oder (bis es so weit ist) durch Filterung der Abgase vermeiden. Das Gleiche gilt wie beschrieben für die industriellen Prozesse der Herstellung von Zement und Stahl. Und wir könnten die Belastung unserer Atmosphäre durch Einschränkungen in unserer Mobilität auf ein Minimum beschränken.

Wir werden auch weiterhin einen gewissen Warenaustausch benötigen, aber warum sollte der Transport nicht von Schiffen mit sehr viel sauberer Antriebstechnik erfolgen? Und resultieren nicht die meisten Frachttransporte aus der schrägen Logik von billiger Arbeitskraft auf der einen Seite der Welt und höherer Kaufkraft der Menschen auf der anderen Seite in den heiß gelaufenen Konsumgesellschaften? Sind nicht nationale Flüge oder Urlaubsfahrten auf Kreuzfahrtschiffen komplett überflüssig? Brauchen wir wirklich einen Massentourismus bei Fernreisen?

Und die Frage aller Fragen lautet: warum zum Teufel produzieren wir ohne Unterlass Wegwerfprodukte und verschwenden dabei massenhaft die begrenzten Energien und Ressourcen dieses Planeten?

*

Wie aber soll eine neue Besinnung, eine andere Sicht und Produktionsweise sich gegen die mächtigen Superteufel und ihre Hilfsteufel in Politik und Wirtschaft durchsetzen? Hat die Menschheit wirklich eine Chance, und wie muss die Welt am Ende aussehen, um nicht noch einmal den Verlockungen des großen Glücksspiels zu erliegen?

An diesem Punkt verlässt diese Analyse den objektiven Bereich. Hier folgt meine eigene Einschätzung von Handlungsgeboten und Möglichkeiten für die nächste Zukunft.

Sie wird nicht jedem gefallen. Sie gefällt mir ja selbst nicht.

Die Menschen werden Corona überleben. Sie haben in jeder vergangenen Epoche Seuchen und Diktaturen getrotzt. In jeder Generation wurden irgendwo auf der Erde die Ärmel hochgekrempelt und zerstörte Städte wieder aufgebaut. Die Menschheit hat Kriege und Hungersnöte überstanden, und sie würde eventuell sogar einen begrenzten Atomkrieg überleben. Doch eine weiter fortschreitende Erderwärmung bringt mit mathematischer Sicherheit die Apokalypse für unsere Spezies. Hinter der Klimakrise lauert das endgültige Ende.

Jeder Erdteil, jedes Land und jedes Volk muss seinen eigenen Weg finden, um Schritte zur Reduzierung des CO_2- Ausstoßes sowie eines Entzugs eben dieses Kohlendioxid aus der Atmosphäre zu erreichen. Der Entzug muss in jedem Fall und in jedem Land größer als der Ausstoß sein.

Diese Vorgaben müssen für jede Nation bindend sein. Ein Verstoß dagegen kann natürlich nicht militärisch geahndet, sondern sollte mit einem Boykott des Warenaustausch dieser Nation mit dem Rest der Welt korrigiert werden.

Wir müssen im eigenen Land beginnen, den CO_2- Haushalt in eine Dynamik zu bekommen, die der Atmosphäre dauerhaft mehr Kohlenstoff entzieht, als neu hinzufügt.

Wir müssen alle Völker dieser Erde darüber aufklären, dass ihre eigene Zukunft ebenso gefährdet ist, wie die Zukunft der gesamten Menschheit auf diesem Planeten.

Wir müssen Wege und Machbarkeit einer Entlastung der Atmosphäre am Beispiel des eigenen Landes aufzeigen können.

Und wir müssen jetzt damit beginnen.

*

Vor der Corona- Krise lauteten die offiziellen Statements von Regierungen meistens so:

´Wir (... in der Regierung) kämpfen auch für die Umwelt und für das Klima, sofern der Wohlstand nicht gefährdet wird.`

oder so:

´... solange unsere Sicherheit gewährleistet ist.`

oder auch:

`... so weit es unser Wirtschaftswachstum nicht beeinträchtigt.`

Das ist Originalton Altmaier, aber hat nicht jedes Land so einen schwergewichtigen Pittbull, der das Volk mit einer Mischung aus solchen Statements und Einschüchterung bei der Stange halten soll?

Was wirklich gemeint war, ist ja sowieso klar gewesen: ´Wir sind auch gegen die zunehmende Erderwärmung, und wir würden ja auch Gelder in die Hand nehmen, um den Klimawandel zu stoppen. Aber solange die anderen Länder nicht bereit sind, die gleichen Schritte zu unternehmen, sind uns leider die Hände gebunden, da unsere eigenen Industrien ansonsten einen gravierenden Nachteil im internationalen Wettbewerb hätten.`

Nach Beendigung der Corona- Krise werden die Regierungen der Welt mit ziemlicher Sicherheit dieses Liedchen anstimmen:

´Nach all den gigantischen staatlichen Ausgaben in der Folge der Coronakrise können wir nun unsere Volkswirtschaften nicht mit weiteren Wahnsinnskosten belasten. Wir sind ja schließlich den zukünftigen Generationen verpflichtet, die all diese Rechnungen bezahlen müssen.

*

Tja denn, wenn die Rettung der Menschheit zu teuer kommt ...

Nachtrag

Ramachandran Gopalan, der Geschäftsführer von Carbonclean in Indien sagte in einem Interview mit der BBC, dass er keineswegs die Welt retten wolle. Er sei lediglich ein Geschäftsmann, der auf der Suche nach großen Mengen Kohlenstoff war, um es kommerziell zu nutzen. Aus diesem Grunde betreibt er sein Wärmekraftwerk ´Thermal Power Station` in Tuticorin.

Vielleicht sollten wir diesem indischen Pionier ein Denkmal setzen mit der Inschrift ´ Es hätte auch alles anders kommen können.`

Aber andererseits ... wer wandert denn später noch durch den Süden von Indien und könnte ein Mahnmal aus Natriumkarbonat dieses indischen Rattzahns würdigen?